Les Puces - L'anglais pour les enfants

Notre cours hybride
qui vient par la poste et en ligne

+

Un livre bilingue, des feuilles de travail et un projet livré par la poste. Un portail en ligne avec des vidéos et des matériaux pédagogiques à télécharger.

Consultez notre site web sur
www.lespuces.co.uk

Reprinted (version 2) August 2021
First published by Les Puces Ltd in January 2016
ISBN 978-0-9954653-1-2
© January 2016 Les Puces Ltd
www.lespuces.co.uk
Original artwork © January 2016 Marigold Plunkett and Les Puces Ltd

Également disponible chez Les Puces

Consultez notre boutique en ligne sur www.lespuces.co.uk

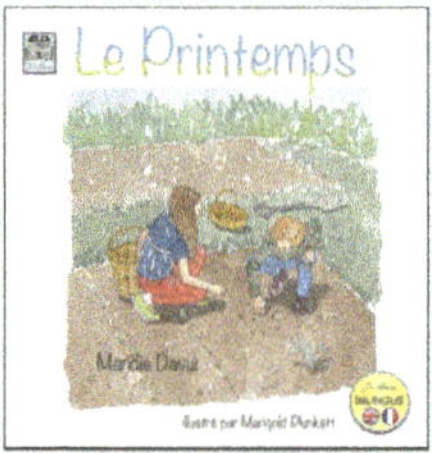

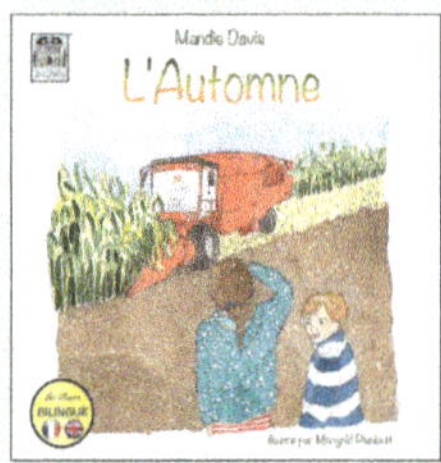

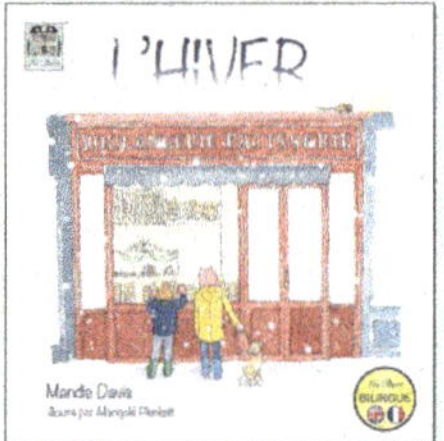

L'Automne

Mandie Davis

illustré par Marigold Plunkett

Nous allons nous promener avec Léo. C'est l'automne et il y a beaucoup de choses à voir et à faire.

Nous nous promenons d'abord parmi les vergers. Regarde ! Le fermier récolte les pommes. Tu crois qu'il acceptera de nous en donner quelques-unes pour la Fête de la Moisson ?

C'est si gentil. Le fermier nous a donné un sac plein de pommes. Non Léo ! Tu ne peux pas les manger !

Nous nous promenons dans les champs. Nous nous arrêtons pour regarder une moissonneuse-batteuse récolter le maïs. Elle est grande et bruyante !
C'est amusant !

Où est Léo ? Oh non ! Il s'est lancé à la poursuite d'un lapin dans les bois. Vite ! Nous devons le suivre.

Heureusement que nous t'avons trouvé Léo. Tu peux rester en laisse maintenant jusqu'à ce qu'on arrive à la maison avec le sac de pommes.

Nous sommes en septembre et c'est la rentrée. Nous sommes si chics dans nos uniformes. Nous ne devons pas oublier d'amener les pommes pour la Fête de la Moisson.

TOMATOES
TOMATOES

Les enfants ont rassemblé beaucoup de nourriture à donner aux gens qui ont besoin dans notre village.

C'est presque la fin de l'automne. Les nuits rallongent et il commence à faire froid. Dans les bois, les champignons poussent et les petits animaux font des reserves pour l'hiver.

Nous sommes le 5 novembre et c'est la nuit de feu de joie ! Nous nous réjouissons de manger des saucisses et des pommes d'amour plus tard. Elles sont délicieuses.

Nous avons aidé à faire le Guy Fawkes pour le grand feu. Maintenant nous prenons du recul et nous regardons le feu brûler.

Les feux d'artifice sont beaux.
Lors d'une nuit sombre et étoilée
nous adorons voir toutes les
couleurs merveilleuses.
Wouah !

Où est Léo ? Les feux d'artifice font beaucoup de bruit alors peut-être qu'il a peur. Est-il sous le lit ? Est-il sous la chaise ?

Il est sous la table dans la cuisine. Oh non ! Il n'avait pas peur; il avait faim ! Il a mangé les saucisses et les pommes d'amour.

Heureusement que nous avons encore le gâteau en pain d'épices et le chocolat chaud.

Léo a l'air de regretter d'avoir mangé autant. C'est un chiot gourmand !

Quel chouette automne nous avons passé. Nous nous souvenons des promenades dans les champs, de la récolte des pommes, de regarder la moissonneuse-batteuse, de la nuit de feu de joie et de la Fête des moisson... et surtout, des feux d'artifice ! Nous adorons l'automne !

les pommes (f)
Léo
le maïs
la moissonneuse-batteuse
la citrouille
le grand feu
les feux d'artifice (m)
l'araignée (f)
Les feuilles d'automne (f)
les pommes d'amour (f)
les champignons (m)

the apples
the corn
the combine harvester
the pumpkin
Leo
the bonfire
the fireworks
the spider
the autumn leaves
the toffee apples
the mushrooms

What a lovely autumn we have had. We remember the walks through the fields, collecting apples, watching the combine harvester, Bonfire Night and the harvest festival... and best of all, the fireworks! We love autumn!

Leo looks like he regrets eating so much. He is a greedy puppy!

Luckily we still have gingerbread cake and hot chocolate.

He's under the table in the kitchen. Oh no! He wasn't scared; he was hungry! He's eaten our sausages and toffee apples.

Where's Leo? The fireworks make a lot of noise so perhaps he is scared. Is he under the bed? Is he under the chair?

The fireworks are beautiful. On a
dark starry night we love to see
all of the wonderful colours.
Aaah!

We helped to make the Guy Fawkes for the bonfire. Now we stand back and watch the fire burn.

It's November the 5th so it's Bonfire Night! We are looking forward to eating sausages and toffee apples later. They are delicious.

It's nearly the end of autumn.
The nights are getting longer
and it's starting to get cold.
In the woods the mushrooms
grow and small animals store
food for winter.

The children have collected lots of food to give to people in need in our village.

It's September and time to go back to school. We look so smart in our uniforms. We mustn't forget to take the apples for the harvest festival.

Luckily we have found you Leo.
You can stay on your lead now
until we get home with the bag
of apples.

Where is Leo? Oh no! He's
chased a rabbit into the woods.
Quick! We must follow him.

We walk through the fields.
We stop to watch a combine
harvester collecting the corn.
It's big and noisy!
What fun!

That's so kind. The farmer has given us a whole bag full of apples. No Leo! You can't eat them!

First we walk through the orchards. Look! The farmer is picking the apples. Do you think he would let us have some for the Harvest Festival?

We're going on a walk with Leo.
It's autumn and there is plenty
to see and do.

L'Automne

Mandie Davis

illustré par Marigold Plunkett

Also available from Les Puces

Visit the shop on our website at www.lespuces.co.uk

Les Puces - French for kids

Our Hybrid course
in the post and online!

A bilingual book, project, worksheets and progress card delivered by post, supported by online acess to teaching videos. Listen to the story, sing the song and download additional material.

Visit our website!
www.lespuces.co.uk

Reprinted (version 2) August 2021
First published by Les Puces Ltd in January 2016
ISBN 978-0-9954653-1-2
© January 2016 Les Puces Ltd
www.lespuces.co.uk
Original artwork © January 2016 Marigold Plunkett and Les Puces Ltd